"Al leer este libro, de vez en cuando paraba y alzaba con júbilo los brazos al aire. Es cálido, alentador y realista. Considera a las personas mayores del mismo modo que las Escrituras, con sus vidas planeadas de antemano por Dios. El profesor John Wyatt estudia las tres etapas principales de nuestras vidas: la vida independiente tras la jubilación; a continuación, la dependencia de los demás y, finalmente, la etapa de la vida a la muerte. Cada etapa está imbuida del propósito otorgado por Dios: nuestro corazón se alegra cuando sentimos que hacemos aquello para lo que fuimos creados. Los mayores tienen mucho que ofrecer a los demás y el tiempo para hacerlo. Tiempo para escuchar, para compartir el evangelio, así como su sabiduría y entendimiento. John tiene setenta años y se siente agradecido por la sabiduría que ha adquirido en el camino. No quisiera tener veinticinco años otra vez, aunque estaría bien que el cuerpo le doliera menos, como cuando era joven. Al final está la línea de meta y ese quedarse dormido, tal como Cristo describió la muerte de Lázaro. La muerte ha sido derrotada por Cristo en la cruz y por ello miramos, más allá del mundo físico, a la gloria oculta".

Louise Morse
Escritora y comunicadora de la Pilgrims' Friend Society; autora de What's Age Got To Do With It?

"Para alguien que acaba de pasar de la vida laboral a la jubilación, este libro me pareció alentador a la vez que difícil. John Wyatt nos conduce por tres transiciones muy significativas que entrañan enormes repercusiones para todos nosotros. Con su sensible percepción espiritual y fino conocimiento de la enseñanza bíblica, nos presenta un libro único e inmensamente útil".

Paul Mallard
Autor de The Grace of Gratitude *e* Invest Your Suffering

"En *La última vuelta*, John ofrece una percepción reconfortante, singular y profunda sobre las tres transiciones principales que probablemente ocurrirán en las últimas etapas de la vida, un tema que se ha hecho esperar para ser comentado y debatido. Afronta con delicadeza los temores que nuestra sociedad suele albergar en torno a la vida, la jubilación, el paso de la vida independiente a la dependencia de los demás y, por último, la transición de la vida a la muerte. Esta lectura tan digerible y positiva animará e inspirará a todos los que se encuentran en la tercera edad, así como a los que ofrecemos atención pastoral y apoyo a esta valiosa generación".

Pippa Cramer
Miembro de la Excelentísima Orden del Imperio Británico.
Encargada de la atención espiritual y pastora de mayores
en la Iglesia de la Santísima Trinidad de Claygate

LA ÚLTIMA vuelta

andamio

LA ÚLTIMA
vuelta

CÓMO MANEJAR LAS TRANSICIONES
DE LA TERCERA EDAD

John Wyatt

Índice

Introducción

El maratón

"La vida no es una carrera sino un maratón". ¿Cuántas veces habremos oído esta frase tan conocida? Pero al reflexionar sobre mi vida, después de celebrar mi 70 cumpleaños, la idea de que la vida es como una carrera de fondo ha cobrado un sentido que antes no tenía. Es cierto que estoy alrededor del kilómetro 32 de mi propio maratón y esas últimas vueltas ya se vislumbran en la distancia.

En realidad, nunca he corrido un maratón (10 km es lo máximo que he podido hacer), pero me hago una idea de cómo debe ser. Cualquier carrera de fondo tiene distintas fases: el entusiasmo inicial, las cuestas agotadoras, los tramos aburridos o esos descensos gloriosos cuando sientes que podrías correr para siempre. Todo corredor de maratones necesita planear de antemano las etapas finales de la carrera. ¿Cómo van a superar el muro? Corredores maratonianos con experiencia me cuentan que el último kilómetro es una de las partes más difíciles y peligrosas de un maratón, por lo que deben estar preparados para afrontarla. Planifican su estrategia para seguir adelante en estas difíciles fases últimas de la carrera: ahorrando energía, manteniendo una ingesta de líquidos regular y reservando una barrita energética para el último aporte calórico.

El autor de la epístola a los Hebreos escribió: "Por tanto, también nosotros, que estamos rodeados de una multitud tan grande de testigos, despojémonos del lastre que nos estorba, en especial del pecado que nos asedia, y corramos con perseverancia la carrera que tenemos por delante. Fijemos la mirada en Jesús, el iniciador y perfeccionador de nuestra fe, quien, por el gozo que le esperaba, soportó la cruz, menospreciando la vergüenza que ella significaba, y ahora está sentado a la derecha del trono de Dios" (Heb. 12:1-2).

Es necesario que perseveremos si queremos terminar la vida bien. Igual que los corredores de fondo, debemos prepararnos para las etapas que aún están por venir. De esto trata este breve libro. ¿Cómo podemos prepararnos ahora para las etapas finales de la carrera? ¿Cuáles son los retos y oportunidades que llegarán al aproximarse a la línea de meta?

Muchos de nosotros hemos pasado por secciones oscuras y peligrosas en nuestra carrera. Hemos atravesado el valle que describe David en el salmo 23, y sabemos que en el camino que nos queda se nos presentarán retos aún mayores. No elegimos nuestra propia senda, sino que nos viene dada. Además, no estamos solos: se trata de una carrera grupal. Estamos juntos en ello y hemos de animarnos los unos a los otros, darnos fuerzas, apoyarnos e incluso llevarnos los unos a los otros cuando lo necesitemos.

A nuestro alrededor hay una multitud de testigos invisibles que nos observan y nos alientan a continuar. ¿Cuántos millones de cristianos fieles han corrido esta carrera antes que nosotros? No estamos solos. Pero al entrar en el estadio en la última vuelta, los participantes no se toman un descanso y saludan a la multitud. Su mirada está puesta en el rumbo marcado para ellos. La epístola a los Hebreos nos exhorta a fijar la mirada en aquel que ya ha completado la carrera: Jesús, "el iniciador y perfeccionador" de la raza humana. Él creó la carrera y la corrió de principio a fin, mostrándonos el camino.

Así pues, si, como yo, llevas muchos kilómetros recorridos, si estás llegando al muro, o si la última vuelta y la línea de meta ya se divisan en la distancia, este libro es para ti. Examinaremos las tres grandes transiciones que probablemente ocurrirán en las últimas etapas de la carrera. En primer lugar, la transición del trabajo remunerado a lo que alegremente llamamos "jubilación"; en segundo lugar, la transición de la vida independiente a la dependencia de los demás para nuestras necesidades y, finalmente, la transición de la vida a la muerte al aproximarnos a la línea de meta.

Llegar al muro:

pasar del trabajo a la jubilación

Alemania fue el primer país que adoptó un programa nacional de pensiones en 1889, auspiciado por el canciller Otto von Bismarck. Al principio, Alemania eligió la edad de 70 años para empezar a percibir la pensión, pero posteriormente se modificó a los 65, pues se demostró que el Estado podía permitirse adelantarla a esta edad más temprana. Por curiosidad, busqué información sobre la esperanza de vida en Alemania en 1889. ¡Era de 40,3 años! La proporción de la población que vivía hasta los 65 años o más debió haber sido muy baja, por lo que no tuvo que resultar gravoso para el Estado asumir el coste económico de pagar las pensiones.

Pero el mundo ha cambiado. Según la ONS (Oficina Nacional de Estadística, por sus siglas en inglés) del Reino Unido, la esperanza de vida de los hombres que tenían 65 años en 2020 había aumentado en 19,7 años, y hasta los 22 años para las mujeres. Además, la ONS agrega que, en 2045, la esperanza de vida después de los 65 años aumentará a 21,9 años para los hombres y a 24,1 para las mujeres. Estos datos se refieren solo a la media. Un gran número de personas llegará a los 90 años o más. Un dato asombroso es que, de los bebés que nacieron en 2022 en el Reino Unido, se espera que una de cada cinco chicas y uno de cada seis chicos vivan hasta pasados los 100 años.[1]

Claro que las predicciones anteriores pueden resultar imprecisas, pero aun así sirven para mostrarnos que la esperanza de vida está en aumento. Es importante detenerse a pensar en el momento tan extraordinario que estamos viviendo. El que una persona pueda llegar al final del período de trabajo remunerado con cincuenta y muchos o sesenta y pocos años y, sin embargo, tener otros 30 años de vida saludable, es un planteamiento muy reciente. Es cierto que muchas personas no podrán permitirse el lujo de prejubilarse, pero la mayoría sí que disfrutarán ese período en que ya no tengan que trabajar. Nunca antes había ocurrido; somos los primeros en enfrentarnos a esta realidad, con todos los grandes interrogantes que plantea.

Para mí, quizá la pregunta fundamental es: "¿para qué sirven las personas mayores?". Al fin y al cabo, ¡somos demasiados! Sin embargo, en tanto seguidores de Cristo, la pregunta que se deriva es: "¿para qué sirven las personas mayores en la familia de la iglesia cristiana?".

---

1 Oficina Nacional de Estadística del Reino Unido. https://www.ons.gov.uk/peoplepopulationandcommunity/ birthsdeathsandmarriages/lifeexpectancies/bulletins/pastandprojecteddatafromtheperiodandcohortlifetables/2020based uk1981to2070 [consultado el 18/11/22].

A muchos planificadores económicos y sanitarios, los avances en esperanza de vida les resultan amenazadores e inquietantes. Se habla de "la bomba de relojería demográfica". En el conjunto de Europa, una de cada trece personas tenía más de 65 años en 1950. En 2035, se calcula que la proporción será de una de cada cuatro.[2] La cantidad de "trabajadores productivos" sigue disminuyendo, mientras que un batallón creciente de gente mayor sigue viviendo durante décadas, consumiendo recursos sociales y sanitarios, así como las herencias de sus hijos, ¡en lugar de hacer lo correcto y, discretamente, "estirar la pata"!

Pero esta forma de ver la realidad es muy negativa y deprimente. Como cristianos, sabemos que todos los aspectos de nuestras vidas están en manos de Dios, y esto incluye también su duración. Por mucho que el apóstol Pablo hubiera querido estar en presencia de su Señor en el cielo, fue capaz de escribir: "Porque para mí el vivir es Cristo [...] seguir viviendo en este mundo representa para mí un trabajo fructífero" (Flp. 1:21-22). Su deseo era glorificar a Dios en esta vida durante tantos días como le fueran concedidos. ¡Nosotros deberíamos hacer lo mismo! En su útil y alentador libro *Finishing Well*, el escritor Ian Knox nos deja estas inspiradoras palabras: "Una vida larga es un regalo, no una maldición. Está llena de posibilidades. El regalo es el tiempo".[3]

---

2 Valentina Romei, "Europe's Demographic Time Bomb", *Financial Times*, 13 de enero de 2020 [consultado el 7/12/22].

3 Ian Knox, *Finishing Well: A God's-eye View of Ageing* (SPCK, 2020), 18.

Propósito en la vida

Ahora que nuestros hijos se han marchado de casa, mi esposa Celia y yo hemos empezado a tomarnos descansos fuera de las vacaciones escolares. ¡Hemos conocido parejas mayores que se lo están pasando fenomenal gastando la herencia de sus hijos! Vacaciones exóticas, restaurantes, aficiones, cruceros. Tachan elementos de su "lista de cosas que hacer antes de morir".

Si nos fijamos, la idea secular de jubilación se basa principalmente en: "Has trabajado mucho toda tu vida. Ahora es el momento de disfrutar. Te lo debes a ti mismo. Ahora es el momento de hacer las cosas que siempre has querido". En otras palabras, una vez que te jubilas puedes vivir el resto de tu vida en un egoísmo autocomplaciente.

Pero en realidad, ¿deseas pasarte los 20 o 30 años que te queden viviendo en un egoísmo autocomplaciente? En verdad, todos buscamos significado en nuestras vidas, no solo diversión, por muy agradable que nos resulte por un tiempo. Todos necesitamos una razón para levantarnos por la mañana. En Filipenses 1, Pablo quería seguir viviendo para amar y servir a la iglesia. Necesitamos dirección, metas y propósito. Pero cuando nuestra vida laboral llega a su fin y nuestra energía comienza a menguar, puede resultar difícil hallar el sentido que cada uno de nosotros necesita.

En la edad adulta, el sentido de la vida y de la identidad, vienen dados para muchos de nosotros, al menos en parte, por nuestro empleo. Al conocer a una persona, la primera pregunta que se nos hace es: ¿a qué te dedicas? La perspectiva de dejar de trabajar es absolutamente aterradora. Esto es cierto, sobre todo, para aquellos que han tenido el privilegio de desempeñar trabajos gratificantes. Sé positivamente que esto es algo muy común entre los médicos, ya que muchos encuentran su trabajo satisfactorio, estimulante y gratificante. Es una ocupación que confiere estatus social, sentido y propósito, sin mencionar que constituye una buena y segura fuente de ingresos. Y, de repente, nos encontramos con la jubilación forzosa, con que perdemos nuestro derecho a ejercer la medicina y vamos derechos al desguace médico. Claro que no son solo los médicos quienes sienten que su trabajo da significado y propósito a sus vidas. Si somos sinceros, la mayoría de nosotros ha de admitir que el trabajo es parte integral de nuestra identidad. Entonces, ¿qué voy a hacer ahora que se extienden ante mí semanas y meses vacíos de actividad? ¿Realmente voy a pasar el resto de mi vida jugando al golf o mirando la televisión?

¿El muro?

Los corredores de maratón hablan de la experiencia de llegar al muro: la repentina y abrumadora fatiga sobre el kilómetro 32. La motivación cae en picado y los pensamientos negativos inundan la mente del corredor. Para algunos, jubilarse puede ser un poco así. Mi propia experiencia al retirarme de la práctica médica como pediatra especialista en el Servicio Nacional de Salud (SNS) fue sorprendentemente difícil y desconcertante. Estaba deseando jubilarme y contaba los días que me quedaban. Sin embargo, cuando realmente sucedió, se me hizo extraño y difícil. Cuando trabajaba en la unidad de cuidados intensivos neonatales, siempre que me dirigía al pabellón había cosas que hacer: "Tenemos que tomar una decisión sobre el bebé X. ¿Cuándo hablarás con los padres del bebé Y? ¡Hay que empezar las rondas! Hay un nuevo bebé que nos tiene preocupados. Ha llegado un grupo de estudiantes, ¿qué quieres hacer con ellos?". Todos me reclamaban. Mi primera reacción era decir: "No puedo con todo. Por favor, dejadme tranquilo, necesito un poco de espacio...". Claro que dichas exigencias son señales de que eres un miembro importante del equipo, de que aún tienes algo que aportar.

Unos meses después de dejar de trabajar en el SNS, regresé al hospital, no recuerdo por qué. Entré en la unidad de neonatos y una enfermera a quien no conocía se acercó a mí con una sonrisa respetuosa y profesional: "Hola, ¿le puedo ayudar en algo?". Y yo pensé: "Así es, ya estoy obsoleto, soy material excedente. Ya no aporto nada aquí". Esta es la dolorosa realidad a la que hemos de enfrentarnos al final de nuestra carrera profesional.

Si nuestra identidad como seres humanos, el sentido y el propósito de nuestras vidas, residen únicamente en el trabajo, la jubilación será un golpe terrible para nosotros. Llegamos al muro y no hay nada que nos empuje a seguir. A decir verdad, atravesé una época inestable de cuestionamiento, búsqueda y exploración de posibilidades, todo ello intercalado con períodos de una profunda incertidumbre interna.

Así como los corredores intentan evitar la traumática experiencia del muro preparándose adecuadamente, en su práctico curso, *Retiring Well*, Helen Calder aconseja empezar a pensar y planificar nuestro futuro uno o dos años *antes* de jubilarnos. Al mirar atrás, veo que, sin duda, se trata de un planteamiento muy sabio. Podría haberme ahorrado muchos momentos de doloroso desasosiego si hubiera empezado a planificar mi jubilación de antemano.

Encontrar actividades que nos motiven

Al hacer la transición del trabajo remunerado a la jubilación, hemos de admitir que existen muchos *deberías, debes, has de.* Todos tenemos responsabilidades y obligaciones con los demás que no podemos, ni debemos, eludir. Pero el problema con estos *debería* y *he de,* es que dichas obligaciones y responsabilidades tienden a minar nuestra energía. Nos agotan. Como bien sabemos, al envejecer nuestra energía va mermando. Nuestras reservas ya no son lo que eran; y si invertimos demasiado tiempo en los *debería* y los *he de*, nos quedaremos exhaustos. Este es el problema opuesto al egoísmo autocomplaciente, el vivir excesivamente pendiente de las obligaciones.

En lugar de eso, necesitamos concentrarnos en las áreas de servicio que nos hagan pensar: "me encantaría...; sería maravilloso si...; qué increíble sería si...", porque estos son los ámbitos, las preocupaciones, las actividades y necesidades que nos motivan y nos revitalizan. Estas son las cosas que alegran el corazón y que dan sentido y propósito a nuestras vidas.

Una misionera soltera a quien llamaré Ruth fue para mí un ejemplo maravilloso de alegría, entusiasmo y vigor en sus años de jubilación. Incluso llegó a terminar una tesis y obtuvo un doctorado a los 80 años. Pero lo que le apasionaba era conocer gente nueva, escuchar y animar a los demás. Al final de su vida, se aficionó a viajar en el metro de Londres de una punta a otra, orando en silencio y buscando oportunidades para conversar con desconocidos: "Me siento como una especie de tabernáculo móvil", me dijo una vez al explicarme cómo el Espíritu Santo la guiaba y, a través de ella, cambiaba las vidas de aquellas personas con las que se encontraba.

Ruth encontró un propósito gozoso en acercarse a los demás de un modo que se ajustara a los dones que Dios le había dado y a su personalidad. Según el escritor Frederick Buechner: "La labor para la que Dios te llama es siempre aquella (a) que tú más necesitas hacer y (b) que el mundo más necesita". Buechner resume su pensamiento en estas hermosas palabras: "El lugar al que Dios te llama es el punto de encuentro entre tu profunda alegría y el hambre profunda del mundo".[4]

Como científico, no puedo evitar verlo en forma de gráfico. En un eje está "cómo estás hecho", la alegría más profunda de tu corazón. Y en el otro eje está "lo que el mundo realmente necesita". Donde estas dos líneas se encuentran está tu vocación cristiana, el propósito para el que fuiste creado: el lugar único donde la alegría más profunda de tu corazón se encuentra con las necesidades más profundas del mundo.

Ahora reconozco que esta perspectiva es de algún modo idealista. No siempre es así. Hay veces que nuestra motivación para servir, para hacer lo correcto, no es tanto la alegría como el coraje, la determinación y el esfuerzo. Y, sin embargo, me parece que en este pensamiento reside algo primordial, especialmente para las personas mayores. Al afrontar la transición del trabajo remunerado a la fase siguiente de nuestras vidas, precisamos encontrar una energía y propósito nuevos. Y esa energía se halla en el espacio donde podamos servir a los demás de un modo que nos apasione.

---

4 Frederick Buechner, "Vocation" (18 de julio de 2021). https://www.frederi ckbuechner.com/quote-of-the- day/2021/7/18/vocation [consultado el 25/11/22].

Creo que vale la pena reflexionar sobre nuestras vidas hasta este momento. ¿Cuáles fueron los momentos en que mi corazón se llenó de gozo? ¿Cuáles fueron las ocasiones en que dije: "Para esto fui creado, esta es mi alegría más profunda"? Lo cierto es que estos momentos no suceden cada día. Pero, cuando ocurren, son como una especie de epifanía o revelación de cómo Dios me ha creado, de mi configuración única, de las cosas que me hacen vibrar.

Sé que puede sonar extraño, pero recuerdo momentos extraordinarios sucedidos en la unidad neonatal de cuidados intensivos, cuando cuidaba de un bebé que se moría e intentaba ofrecer apoyo a los padres. Eran momentos de lágrimas, tristeza e intenso dolor. Pero en lo más profundo de mi ser residía una fuerte convicción: "Esto es para lo que fui creado. Para esto estoy aquí". O, en otros momentos de mi vida, cuando trataba de explicar una idea espiritual compleja a otra persona y ver que se le iluminaban los ojos al decir: "Sí, ahora lo entiendo. ¡Bien!". O, hace tan solo unas semanas, jugando con nuestra nieta, también pensaba: "Sí, para esto fui creado". Son raros momentos de epifanía y revelación. Nos dicen algo fundamental sobre la forma única en que estamos configurados y la razón por la que se nos ha colocado aquí en la tierra. Por lo tanto, estas raras ocasiones nos pueden indicar la manera en que podemos amar y servir a los demás, experimentando una profunda alegría al pasar a la siguiente fase de nuestras vidas.

Estas motivaciones suelen cambiar a lo largo de la vida. En efecto, ahora que tengo 70 años, muchos de mis más hondos anhelos han cambiado en comparación con los que tenía a los 20 o 30 años. Pero en cada etapa de la carrera, Dios nos anima a que busquemos gozo en servir a Jesús. El gozo te dará fuerzas para seguir adelante. Naturalmente, la interpretación bíblica del gozo es distinta de la felicidad superficial. Es un manantial, una alegría intensa que proviene de saber que estás sirviendo a Dios y que te estás convirtiendo en la persona que él quería que fueses.

En el salmo 103, David habla del Dios que: "colma de bienes tu vida y te rejuvenece como a las águilas" (Sal. 103:5). El texto original hebreo dice que Dios nos satisface con "el bien" para rejuvenecernos. Al colmarnos de bienes, nuestra energía se renueva. Nos convertimos en el águila que simplemente extiende sus alas y asciende impulsada por las corrientes térmicas. Esta es una metáfora preciosa del Espíritu Santo que, por su poder, nos eleva sin esfuerzo, llenándonos de energía y guiándonos hacia delante.

No deberíamos olvidar nunca que, en definitiva, correr la carrera es una cuestión de gozo. Hay gozo en el acto de correr y gozo al llegar al final de la carrera. Volviendo a la epístola de los Hebreos, vemos que Jesús corrió la carrera centrándose en el gozo: "Por el gozo que le esperaba, soportó la cruz, menospreciando la vergüenza que ella significaba, y ahora está sentado a la derecha del trono de Dios" (Heb. 12:2).

Jesús soportó la carrera que le condujo hasta la cruz por el gozo que caracterizó todo su ministerio a lo largo del camino y al final. Vivió, a todas luces, momentos de gozo profundo cuando pasó tiempo con sus amigos más íntimos, cuando presenció la transformación de las vidas de la gente, cuando confraternizó con niños, con "pecadores" y con gente insignificante para la sociedad. Fue su gozo el que le dio la energía y la motivación para sobrellevar el sufrimiento inimaginable de Getsemaní y cargar con los pecados del mundo. Mientras era crucificado, pensaba en la resurrección y anticipaba lo que iba a suceder después. El gozo de encontrar a

María Magdalena en el jardín, de volver a ver a sus discípulos en el aposento alto y en la barbacoa en la playa. Enfocó sus pensamientos en el futuro banquete de bodas del Cordero. El gozo le dio fuerzas para seguir la carrera. Todo es una cuestión de gozo.

¿Para qué sirven los mayores?

En la transición del trabajo remunerado a la jubilación, me parece que la pregunta "¿para qué sirven los mayores?" adquiere una relevancia nueva. En lo que queda del capítulo, analizaré las distintas formas en que los mayores pueden contribuir significativamente a las vidas de quienes les rodean.

Disponibilidad

Cuando estamos inmersos en nuestra vida laboral, hacer un hueco y dedicar tiempo a las personas puede parecer casi imposible. Recuerdo ocasiones en las que mi mujer y yo teníamos que planearlo con meses de antelación solo para encontrar tiempo para quedar con amigos o invitar a alguien a comer. Pero ahora que ya no trabajo a tiempo completo es mucho más fácil estar disponible para los demás sin planearlo con antelación. Y en un mundo tan ajetreado, presionado y exigente como el nuestro, en el que tantos trabajadores apenas dan abasto, contar con personas mayores dispuestas a ayudar se convierte en un ministerio vital. Se trata de un obsequio que ofrecemos a los demás. No se requieren habilidades extraordinarias para dar consejos o proporcionar apoyo pastoral. Únicamente estar ahí, saber escuchar y ofrecer palabras de aliento.

Sabiduría

A menudo se dice que "vivimos la vida hacia adelante, pero solo la entendemos hacia atrás". Por mi parte, agradezco la sabiduría (aunque limitada) y el entendimiento que he adquirido en los 70 años que llevo de vida. Vivimos en un mundo que idolatra la juventud y en el que muchas personas mayores intentan aparentar que vuelven a tener 25 años. La verdad es que no quisiera volver a tener 25 años. Como es natural, estaría bien tener un cuerpo que no me doliera y se cansara tanto; aun así, me siento agradecido por lo que he aprendido en los últimos 50 años. Los mayores tenemos el privilegio de poder ofrecer a los jóvenes parte de la sabiduría que hemos adquirido a lo largo de nuestra vida.

Cuando somos jóvenes nos resulta fácil creer que tenemos la vida resuelta. Todo se mide en blanco y negro: siempre y cuando hagas esto, estudies lo otro, elijas una dieta, cumplas estas normas, todo va a salir como esperas. Bien, pues al llegar a los 60 años o más, la mayoría comprobamos que la vida no es tan sencilla. A veces, las personas intentan genuinamente hacer las cosas bien y los resultados son nefastos. A la gente buena le pasan cosas malas y a la gente mala le suceden cosas buenas. Aquellos en quienes confiabas y pensabas que eran fiables resultaron ser lo contrario, y así sucesivamente. Como personas mayores, aceptamos que la vida no siempre es como se espera. No es que no creamos que existen realidades buenas o malas, correctas o equivocadas, sino que sabemos que la vida real puede llegar a ser caótica e impredecible. Por eso estamos llamados a escuchar a los demás con amabilidad y sin juzgar. Y creo que puede ser especialmente útil compartir, a partir de nuestras propias experiencias, las formas en que Dios nos ha bendecido a pesar de nuestros fracasos y debilidades.

Amistades intergeneracionales

De joven tuve el gran privilegio de entablar una amistad estrecha con varias personas mayores que eligieron acercarse a mí, invitándome a comer, poniéndose a mi disposición y ofreciéndome amor, apoyo, sabiduría y oración. Al mirar atrás, me doy cuenta de que estas amistades me influyeron profundamente y transformaron la dirección de mi vida y mi servicio, inspirándome y moldeándome en la persona en la que me he convertido.

Sin embargo, las amistades intergeneracionales profundas e íntimas son cada vez más inusuales en nuestra sociedad. Parece como si mucha gente mayor se mostrara reacia a buscar la amistad de jóvenes en sus iglesias o comunidades. Algunos han perdido la confianza en sí mismos cuando se trata de apoyar a los miembros más jóvenes de su comunidad: "No creo que tenga mucho que ofrecer. No comprendo la mitad de sus temas de conversación ni las redes sociales, las aplicaciones de citas o los videojuegos. No entiendo las vidas que llevan". Es fácil concluir que no tenemos nada que aportar.

Pero no es cierto. Todo el que lea estas palabras tiene algo que ofrecer a una persona más joven. Al menos puedes escucharla y demostrarle que te importa, decirle que te gustaría entender su vida y orar por los problemas a los que se enfrenta. Los jóvenes necesitan amigos con sabiduría vital, que los escuchen, los quieran y oren por ellos. Así que, ¿puedo sugerirte amablemente que quizá podrías tú tomar la iniciativa? No esperes a que te lo pidan. Basta con ofrecer una taza de café o un paseo juntos.

Desde que me jubilé, Dios me ha enviado varios estudiantes de medicina, médicos en prácticas y jóvenes científicos para entablar amistad con ellos. Me he propuesto invertir en sus vidas y me reúno con ellos de vez en cuando. Se trata de un proceso que va en los dos sentidos, ya que yo aprendo tanto de ellos como ellos de mí. A medida que ahondamos en nuestra amistad, he descubierto que a menudo es más útil compartir un poco de mis propias experiencias de lucha y fracaso. Al mostrarme más vulnerable y compartir algunos de mis propios retos, los animo a ser más honestos y abiertos conmigo. Evidentemente, se necesita sabiduría y discernimiento para saber qué compartes y la manera de hacerlo. Nuestra principal responsabilidad es escuchar y preocuparnos por la otra persona, no centrarnos en nosotros mismos. Pero llega un momento en que se abre un espacio para contar nuestra propia experiencia en las aguas profundas del sufrimiento, el fracaso o el duelo, así como nuestra fe y esperanza en Cristo.

Compartir nuestra fe

Muchos de nosotros descubrimos que ahora, cuando ya no estamos condicionados por preocupaciones profesionales y laborales, resulta más fácil abrirnos a los demás acerca de nuestra fe. Pese al aumento de la esperanza de vida, los mayores se enfrentan con frecuencia a su mortalidad, lo cual ha llevado a algunos a hablar de temas profundos con más franqueza que en sus años jóvenes. Por ejemplo, el sentido de la vida, la realidad de la culpa, la posibilidad del perdón y lo que acontece más allá de la tumba. Ian Knox señala que pese a asistir a la iglesia, muchos jubilados no tienen una fe profunda en Cristo. ¡Esto nos presenta una oportunidad! Knox dice: "Cada vez más me doy cuenta de que estos fieles feligreses realmente desean transformar sus vidas y anhelan establecer una relación profunda con Dios a través de una confianza personal en Jesús".[5]

Tiempo para la oración

Cuando estaba en primera línea como médico e investigador científico a menudo trabajaba de 80 a 90 horas semanales. En aquella época, mi contacto con la oración se limitaba al paseo de diez minutos desde nuestra casa a la estación del metro. Ese breve momento me servía para orar y prepararme para el turno que me esperaba en el hospital. Sin embargo, una vez nos jubilamos, la mayoría disponemos de más tiempo para aprender a orar por los demás.

En nuestra familia hay ejemplos maravillosos de abuelos que oran por nosotros. Mi padre era uno de ellos. Solía utilizar la selección de pasajes bíblicos llamada *Daily Light*, que cuenta con lecturas para cada día del año. Anotaba en su gastado cuaderno todos los aniversarios y acontecimientos importantes que habían tenido lugar cada día. Usaba dichas notas para orar por la familia y amigos que tenía en todas las partes del mundo.

La madre de mi esposa también ha sido otro modelo en este sentido. A sus 80 años aprendió ella sola a utilizar el correo electrónico para mantener el contacto con sus trece nietos. Les pedía que le mandasen un *e-mail* una vez por semana detallando lo que iban a hacer cada día de la semana siguiente, para así orar cada día por cada uno de ellos. Para sus nietos, era muy importante saber que su abuela oraba por ellos. Se aseguraban de que supiera

---

5 Ian Knox, *Finishing Well: A God's-eye View of Ageing* (SPCK, 2020), 162.

de sus exámenes, de las amistades que entablaban y de los retos a los que se enfrentaban para que orara por ellos. Quizá no tienes nietos biológicos, pero sí que puedes establecer una relación espiritual con otros jóvenes y orar por ellos. A medida que entramos en las últimas etapas de la vida, aunque tengamos limitaciones físicas cada vez mayores, orar por las generaciones más jóvenes es un llamamiento que todos nosotros podemos cumplir.

Ningún corredor desea llegar al muro y arrastrarse los últimos 10 kilómetros del maratón. Pero a diferencia de lo que ocurre al correr, llegar a la jubilación no tiene por qué suponer un esfuerzo sostenido durante el resto de la carrera. Podemos recuperarnos de ese cambio potencialmente inquietante y vivirlo como un florecimiento, corriendo nuestros últimos kilómetros con propósito y alegría.

La recta final:

pasar de la autonomía a la dependencia

Tras los altibajos vividos a lo largo de la carrera, la recta final entraña un nuevo reto para muchos de nosotros. En este capítulo trataremos esta nueva etapa del maratón, la transición de la autonomía a la dependencia. Por muy incómodo que nos resulte pensar en ello, la mayoría de nosotros atravesaremos una fase final en la que dependeremos de los demás para algunas, si no todas, nuestras necesidades personales. Sería una locura correr un maratón y no planear de antemano la última vuelta por querer desesperadamente evitarla. Ningún experto maratoniano pensaría así. Todos se preparan para el reto que representa la decisiva etapa final, y planifican la forma de sobrellevarla. Nosotros hemos de hacer lo mismo.

En la segunda carta a los Corintios, el apóstol Pablo se sincera sobre las dificultades que atravesó. Se describe como alguien en apuros, perplejo, alicaído. Pero a lo largo del proceso, escribe:

"Por tanto, no nos desanimamos. Al contrario, aunque por fuera nos vamos desgastando, por dentro nos vamos renovando día tras día. Pues los sufrimientos ligeros y efímeros que ahora padecemos producen una gloria eterna que vale muchísimo más que todo sufrimiento. Así que no nos fijamos en lo visible, sino en lo invisible, ya que lo que se ve es pasajero, mientras que lo que no se ve es eterno" (2 Co. 4:16-18).

Al pensar en la recta final de la carrera y la transición a la dependencia, es fundamental adoptar la perspectiva de Pablo si pretendemos correr con perseverancia. Él distingue entre "lo que se ve", que es temporal, y "lo que no se ve", que es eterno. Nuestra cultura se centra en el aspecto externo, sobre todo en cómo lucen nuestros rostros y nuestros cuerpos. Esto es especialmente cierto en las redes sociales, donde la gente puede pasarse horas utilizando aplicaciones que cambian y retocan el aspecto de los usuarios para cumplir con los patrones socialmente aceptables. Muchos jóvenes en particular no están contentos con sus cuerpos. Pero no solo los jóvenes se preocupan por su aspecto. También los mayores, al envejecer, nos preocupamos por las arrugas, la piel flácida y demás signos del envejecimiento. Nos da miedo nuestra apariencia externa.

Asimismo, vivimos en una sociedad obsesionada con la idea de tener libertad absoluta para elegir nuestro propio camino. Los filósofos lo llaman "el principio de autonomía", un término procedente del griego *auto-nomos*, que significa autodeterminación o, más crudamente, "mi vida, mis normas". Este es el principio por el que se guía la ética médica en nuestros días. Los pacientes deberían tener libertad para poner sus propias reglas. Naturalmente, en realidad las cosas no funcionan así. Nadie es tan libre como para poner sus propias reglas en la vida. Es un mito, aunque muy poderoso. Para muchos de nosotros, la capacidad de elegir y de tomar nuestras propias decisiones es lo más importante en nuestras vidas. Por lo tanto, a medida que se aproxima el fin de estas, la perspectiva de perder la capacidad de valernos por nosotros mismos, de perder nuestra "autonomía", se nos antoja la peor amenaza posible.

Muchos de los que defienden el derecho a elegir cómo y cuándo van a morir no son personas jóvenes, sino que tienen 70 años o más. Son los clásicos *Baby Boomers*, que están acostumbrados a tener sus vidas totalmente bajo control. Al enfrentarse a la posibilidad de perder dicho control por la vejez o la enfermedad, les aterroriza pensar en lo que podría ocurrir. Es este miedo el que les empuja a decir: "Hay que cambiar la ley para que pueda matarme o que me mate un médico. No estoy preparado para pasar por la etapa terrible de la dependencia de los demás, no estoy dispuesto a perder la dignidad".

Sin embargo, la fe cristiana nos enseña algo fundamentalmente distinto. En lugar de considerar la independencia como el bien máximo, nos enseña que la dependencia es parte del plan. Es así como hemos sido creados. Dios nos ha creado a su imagen y semejanza, por tanto, somos como él. Es realmente asombroso: Dios elige una pequeña y frágil forma de vida a base de carbono para encarnar su gloriosa imagen.

El primer ser humano fue creado del polvo de la tierra (Gn. 2:7). En hebreo, *adam*, que significa persona, deriva de *adamah*, que significa tierra. Así pues, literalmente, en hebreo, los seres humanos son "animales que viven cerca del suelo". La misma idea se expresa en el término español "humano", que procede del latín *humus*. Dejando a un lado las asociaciones con la pasta de garbanzos mediterránea, el *humus* es lo que se encuentra en el montón de compost. Y eso es de lo que estamos hechos. Dios eligió crearnos a partir del polvo de la tierra.

Con el tiempo he llegado a entender cuán profundo es esto. Para los cristianos, la dependencia de los demás no constituye una imperfección del plan. Los seres humanos estamos *diseñados* para ser dependientes de los demás, para estar limitados y volvernos vulnerables. Incluso antes de la Caída, no era bueno que Adán estuviera solo. Necesitaba a Eva. Solo juntos pudieron cumplir el designio de Dios: "Sed fructíferos y multiplicaos; llenad la tierra y sometedla" (Gn. 1:28). Sin duda, Dios podría haber elegido crearnos de manera diferente. Podría habernos hecho seres maravillosos, dinámicos y gloriosos que no necesitaran a los demás. Piensa en los serafines celestiales que describió Isaías en su visión. Dicen: "Santo, santo, santo", y al sonido de sus voces se estremece todo el templo (Is. 6:1-4). Dios podría habernos hecho como aquellos seres radiantes y poderosos; en cambio, eligió hacernos frágiles y dependientes.

No solo estamos destinados a depender de Dios, también a depender unos de los otros.

Tú y yo vinimos al mundo encerrados en una red de relaciones que no elegimos, con una madre y un padre, abuelos, hermanos, tíos y tías, amigos y cuidadores. Empezamos nuestra vida dependiendo de ellos, sin haber sido consultados. En el pensamiento cristiano, esto no es una coincidencia o casualidad extraña, se trata de una parte esencial de lo que significa ser humano.

El relato de una vida humana

Al venir al mundo somos seres indefensos que dependen completamente del amor y los cuidados de los demás. Después atravesamos una fase en la que tenemos personas a nuestro cargo que dependen, a su vez, de nosotros. Las protegemos, las cuidamos y costeamos sus gastos. Del mismo modo, llegado el momento, la mayoría de nosotros acabará sus vidas dependiendo del amor y los cuidados de otros. Necesitaremos que otras personas nos den de comer, nos protejan y nos cuiden. Hay una simetría extraña en nuestras vidas humanas. No se trata de una terrible realidad degradante e inhumana, sino que forma parte del plan; es parte del relato de la vida humana. Nos crearon para establecer vínculos entre sí en existencias de dependencia mutua. Dios nos pone en el seno de familias biológicas y, a los que somos creyentes cristianos, nos coloca también en la familia cristiana, la comunidad de la iglesia local.

Esta realidad se me reveló de manera conmovedora cuando mi madre quedó postrada en cama con un tipo muy agresivo de demencia. No podía valerse por sí misma y por lo tanto dependía de cuidados asistenciales las 24 horas del día. Un día, casi al final, la fui a visitar y alguien me puso un yogur y una cuchara en la mano. Al darle de comer le decía: "Ahí va, abre la boca...", y entonces caí en la cuenta de que eso era exactamente lo que ella había hecho conmigo hacía muchos años. Me acordé hasta de las palabras que pronunciaba al alimentarme ella a mí. Pero ahora habían cambiado las tornas. Recuerdo que pensé: "Quizá es así como tenía que ser". En aquel momento aprendimos los dos mucho más de lo que significa ser madre y lo que significa ser hijo.

El apóstol Pablo escribió en la carta los Gálatas: "Ayudaos unos a otros a llevar las cargas, y así cumpliréis la ley de Cristo" (Gl. 6:2). Muchos encuentran más fácil llevar las cargas de los demás que permitir que otros lleven las suyas, pero Dios nos creó para necesitar de los demás. Quizá, la próxima vez que oigas a alguien decir: "No deseo ser una carga para nadie", deberías responder con delicadeza: "Tú estás destinado a ser una carga para mí y yo estoy destinado a ser una carga para ti; y la vida que Dios nos ha dado es una vida de cargas mutuas".[1]

El teólogo Gilbert Meilaender escribió un artículo titulado "Quiero ser una carga para mis seres queridos", en el que afirma: "¿No es esto, en gran medida, lo que significa pertenecer a una familia? ¿Ser una carga unos para otros y de una manera casi milagrosa descubrir que ellos están dispuestos, incluso contentos, de llevar dicha carga?".[2] Naturalmente, sabemos que no todas las familias son así. Puede que tengas unos antecedentes familiares difíciles y dolorosos y puede que tengas un contexto familiar eclesiástico muy doloroso también. No obstante, a mi entender, al enfrentarnos a los retos del envejecimiento de la población y a las dificultades que conlleva proporcionar cuidadores y una asistencia social adecuada, el próximo reto de la comunidad cristiana será: "¿Seremos capaces de plantear nuestras vidas de modo que, realmente, llevemos las cargas los unos de los otros?".

---

1 La expresión "carga mutua" procede del libro de Gilbert Meilaender, *Bioethics: A Primer for Christians* (4.ª edición), (WB Eerdmans, 2020), 3.

2 Gilbert Meilaender, "I Want to Burden My Loved Ones" *First Things* (marzo de 2010). https://www.firstthings.com/article/2010/03/i-want-to-burden-my-loved- ones [consultado el 18/11/22].

Sé que la ayuda al dependiente es una tarea dura. Requiere mucho esfuerzo y supone un reto. No es posible idealizar lo que implica cuidar de alguien día a día. También sé que muchas personas mayores se preocupan por la posibilidad de volverse dependientes en el futuro. Mucha gente, incluyendo a los que tienen una firme fe cristiana, sienten una profunda ansiedad ante lo que el futuro pueda deparar, y ante lo que pasaría si no pudieran valerse por sí mismos. Saben que deberían estar preparados para aceptarlo, pero son plenamente conscientes de que el sistema de salud y asistencia social al que tienen acceso presenta claras deficiencias.

Así pues, al prepararnos para la transición de ser autónomos a ser dependientes, pienso que debemos abordar estas cuestiones de antemano con nuestros seres queridos, con nuestros amigos y con profesionales que nos aconsejen acerca de las opciones disponibles. Aquellos de nosotros que tengamos parientes y amigos mayores, podemos formular las siguientes preguntas: ¿dónde te gustaría que te cuidasen en el futuro?, ¿cómo querrías que se organizase dicha asistencia?, ¿cómo podemos planificar con antelación tu cuidado?, ¿qué cambios se pueden llevar a cabo en tu residencia para que puedas manejarte a medida que te vuelves más frágil? Por supuesto, soy consciente de que estas conversaciones pueden resultar dolorosas e incómodas, pero debemos hablar abiertamente de estas cuestiones con nuestros seres queridos antes de que llegue la crisis.

Cuando contemplamos la posibilidad de volvernos dependientes de los demás resulta fácil dejarnos llevar por el miedo. Necesitamos recordar, una vez más, las palabras de Ian Knox: "Una vida larga es un regalo, no una maldición. Está llena de posibilidades. El regalo es el tiempo". Incluso la dependencia tiene sus posibilidades. Posibilidades de crecimiento interno, de aprender más sobre la gratitud y la alegría. Para los que somos creyentes cristianos, la dependencia puede estrechar nuestro vínculo con Cristo.

La encarnación

Dios no solo escogió crearnos seres limitados, frágiles y dependientes, sino que él mismo se encarnó en Jesús. Esto es asombroso y maravilloso, además de totalmente inesperado. El mismo Dios vivo, el Dios de todo poder y toda autoridad, elige por propia voluntad transformarse en un bebé humano en la persona de Jesús. Estamos tan familiarizados con la historia de la Navidad que hemos olvidado cuán impresionante es.

Cuando los primeros cristianos empezaron a hablar y a predicar sobre la encarnación y el milagro de la Navidad, la reacción general de los filósofos y pensadores de la época fue: "Eso es vulgar y repulsivo". Era inconcebible que el Dios del universo se transformara en un bebé de carne y hueso al que su madre arropaba, alimentaba y lavaba. Y, sin embargo, ese es el escándalo de la historia de la Navidad: Dios elige hacerse completamente dependiente. Al final de su vida, el Dios que ostenta todo el poder y toda la autoridad se encuentra tendido en la cruz, las manos sujetas con clavos. Con labios resecos, dice: "Tengo sed" (Jn. 19:28). No puede valerse por sí mismo.

Ahí es donde se revelan el poder y la gloria de Dios, en la dependencia, en la vulnerabilidad. El propio Dios dependía de brazos humanos para abrazarlo, vestirlo y darle calor. Necesitaba una madre humana. De hecho, confió toda su existencia humana a seres humanos falibles. Con todo, el estatus divino de Cristo y su dignidad no se vieron dañados o rebajados. Hasta en aquellos momentos de dependencia total, ya fuera como bebé o en la cruz, él siguió siendo la segunda persona de la Trinidad, y sosteniendo el cosmos entero con su palabra poderosa (Col. 1:17; Heb. 1:3).

Lo que aprendemos con esto es, por tanto, que ser dependiente de los demás no es un proceso degradante ni deshumanizador. En realidad, al volvernos dependientes experimentamos un pequeño reflejo de lo que el hijo de Dios escogió vivir. Escogió el camino de volverse dependiente para dar a conocer su gloria como nuestro Salvador. Gloria en la fragilidad.

Cuando afrontamos la última vuelta de nuestra carrera, aunque acabemos siendo cuidados por otros, aunque necesitemos que nos den de comer, nos laven y hasta que nos limpien el trasero, nuestra dignidad y estatus de hijos amados de Dios no se verán rebajados ni dañados en lo más mínimo. Seguiré siendo la persona a la que Dios conoce, ama y sostiene.

Alguien de carne y hueso

Como es lógico, no debemos idealizar la experiencia de la dependencia, ni ser sensibleros ante ella. La realidad de depender de otros para nuestras necesidades básicas puede resultar angustiosa, dolorosa y humillante. Hace algunos años, desarrollé una grave enfermedad psiquiátrica y acabé encerrado en la unidad de psiquiatría del hospital. Fue una experiencia muy humillante y dolorosa. En mi depresión, me convencí de que toda mi vida, mi carrera profesional y todo por lo que había trabajado habían quedado destruidos. Viví una especie de infierno personal. Si en aquel momento alguien me hubiera mencionado a Dios, para mí no habría significado nada. "Dios" era solo una palabra de cuatro letras. Lo único que consiguió penetrar mi oscuridad fue comprender que todavía había seres humanos que me amaban. Mi esposa me visitó en el pabellón y me abrazó en silencio. John Stott, mi padre espiritual, me llamó por teléfono y me dijo: "Valoro tu amistad, John". Me hizo saltar las lágrimas.

Aprendí mucho de aquella época desgarradora. Por muy hondo que sea el abismo, por muy encerrados que estemos en nuestro propio sufrimiento, el amor humano lo penetra todo. De hecho, al cuidar de los demás, estamos llamados a encarnar el amor invisible de Dios. Me gusta contar la historia de la niña pequeña que está intentando dormir en su cuarto:[3]

> Su madre está en el piso de abajo, ocupada en la cocina. Una vocecita le llega por las escaleras:
>
> —¡Mamá, mamá, me da miedo la oscuridad! ¿Puedes venir a darme un abrazo?
>
> Su madre le responde:
>
> —¡Lo siento, cariño, no puedo en este momento, estoy muy ocupada!

---

3 El cuento de la niña que tiene miedo a la oscuridad está sacado de *Matters of Life and Death*, de John Wyatt (2.ª edición), (IVP, 2009). Traducido al español como *Asuntos de vida y muerte* y publicado por Andamio Editorial.

—¿Puede venir papi a darme un abrazo?

—No, papi está muy ocupado también.

Y como la madre es una señora muy devota, añade:

—Pero recuerda que Dios está contigo y puede darte un abrazo.

Después de una pausa, la vocecita desciende de nuevo:

—¡Pero mami, necesito a alguien de carne y hueso!

Es una historia muy profunda. Porque somos seres físicos, hechos de carne (*humus*), necesitamos que el amor de Dios se nos revele de una forma física. Necesitamos abrazos físicos. Necesitamos oír una voz física pronunciando palabras de consuelo. Los que estamos llamados a cuidar de los demás tenemos el privilegio extraordinario de mostrar el amor de Dios "de carne y hueso". Los que recibimos este consuelo tangible tenemos el privilegio de recrear el amor de nuestro Padre a través de los demás.

En lo que a mí se refiere, tuve que atravesar un largo y lento proceso de sanación mental y espiritual que se prolongó en el tiempo. Mientras recuperaba la salud, recordé las palabras atribuidas al escritor medieval Bernard de Clairvaux: "El propio Cristo nos besa con el amor de nuestros amigos". Me percaté entonces de que el mismo Jesús me estaba tendiendo la mano en aquel pabellón psiquiátrico cerrado. Estaba ahí, en el cariño de mis seres más queridos.

El proceso de sanación duró muchos años. Pero en aquella lenta recuperación, poco a poco llegué a comprender que, al experimentar la dependencia, Dios me había dado un extraño don. Era un don que no había querido tener y contra el que había luchado. Pero Dios me lo ha dado para que intente ayudar a otros que tengan sus propios problemas y luchas con la salud mental. Soy capaz de empatizar con la desesperación de los demás porque he pasado por lo mismo. Ahora entiendo lo que el apóstol Pablo quiere decir al referirse a "la espina clavada en el cuerpo" (2 Co. 12:7): "… pero… él [Jesús] me dijo: 'Te basta con mi gracia, pues mi poder se perfecciona en la debilidad'. Por lo tanto, gustosamente haré más bien alarde de mis debilidades, para que permanezca sobre mí el poder de Cristo" (2 Co. 12:9).

Por tanto, a medida que llega el momento de volvernos dependientes de los demás, hemos de entender que, pese al sufrimiento y aparente humillación, esto puede ser parte de la llamada de Dios. El doctor John Dunlop anima a los cristianos a recordar que dependemos completamente de Dios para nuestra salvación y que, en verdad, la vida cristiana requiere que estemos dispuestos a que, tanto Dios como los demás, nos sirvan: "Al final de la vida, es bueno ser menos autosuficientes y confiar más plenamente en Dios".[4]

Puesto que estamos llamados a ceder gradual y voluntariamente nuestra libertad a los demás, es bueno que podamos hacerlo progresivamente, de buen grado y con dignidad. John Dunlop prosigue: "Muchas de las pérdidas asociadas con envejecer son inevitables y a menudo forzosas. Pero hay otras cuestiones que podemos dejar ir por voluntad propia. Cuando podemos anticipar

---

4 John Dunlop, *Finishing Well to the Glory of God: Strategies from a Christian Physician* (Crossway, 2011), 53.

dichas pérdidas, he observado que es mucho mejor reconocerlas, trazar un plan y llevar a cabo los cambios de manera preventiva y gradual, en lugar de esperar a que la crisis nos obligue a realizar un cambio drástico".[5]

Contentamiento

Recuerdo que a John Stott le costó mucho adaptarse a la realidad de la dependencia en su último año de vida. Estaba aquejado de una grave enfermedad discapacitante y su brillante intelecto y memoria se deterioraban. Cada vez le costaba más expresarse. Pero esto es lo que compartió sobre cómo se sentía ante su discapacidad: "No podría decir que soy feliz, pero estoy aprendiendo a contentarme". Estaba evocando conscientemente las palabras del apóstol Pablo. "Sé lo que es vivir en la pobreza, y lo que es vivir en la abundancia. He aprendido a vivir en todas y cada una de las circunstancias, tanto a quedar saciado como a pasar hambre, a tener de sobra como a sufrir escasez. Todo lo puedo en Cristo que me fortalece" (Flp. 4:12-13). Al final de su vida, encarcelado y esperando su ejecución, Pablo escribió: "Es cierto que con la verdadera religión se obtienen grandes ganancias, pero solo si uno está satisfecho con lo que tiene. Porque nada trajimos a este mundo, y nada podemos llevarnos" (1 Ti. 6:6-7).

En el capítulo anterior preguntamos ¿para qué sirven las personas mayores?, y consideramos una serie de oportunidades que se nos presentan al jubilarnos: mayor disponibilidad para los demás, sabiduría vital, más tiempo para la oración y para

---

5 *Ibid.*, 40.

compartir nuestra fe. Me parece extraordinario y reconfortante que la mayoría de estas oportunidades continúen incluso cuando pasamos a depender de otros. Todavía podemos ofrecer amistad, sabiduría vital, tiempo de oración, además de compartir nuestra fe y esperanza con los demás.

Podemos seguir ofreciendo modelos positivos de renuncia, podemos mirar hacia el futuro, podemos expresar gratitud y dejar un legado a los que vienen detrás. La dependencia no nos priva de ninguna de estas oportunidades. Por eso, como nos recuerda el apóstol Pablo: "Por tanto, no nos desanimamos. Al contrario, aunque por fuera nos vamos desgastando, por dentro nos vamos renovando día tras día. Pues los sufrimientos ligeros y efímeros que ahora padecemos producen una gloria eterna que vale muchísimo más que todo sufrimiento. Así que no nos fijamos en lo visible, sino en lo invisible, ya que lo que se ve es pasajero, mientras que lo que no se ve es eterno" (2 Co. 4:16-18).

La línea de meta:

pasar de la vida a la muerte

En los capítulos anteriores hemos examinado la transición del trabajo remunerado a la jubilación, y de la vida autónoma a la vida dependiente. Ahora pasamos a la tercera y última transición: de la vida al proceso de la muerte. La carrera está casi ganada. Estamos en la última vuelta y ya se avista la línea de meta. Al leer estas líneas, asumo que muchos de nosotros ya hemos visto morir a un ser querido. Quizá hayáis presenciado la muerte dolorosa de alguien. Me hago cargo de que mis palabras pueden desencadenar recuerdos positivos, pero también desgarradores.

La fe cristiana nos enseña que la muerte es un enemigo (1 Co. 15:26). Y, por tanto, nunca debemos dar la bienvenida a la muerte ni acelerarla. Esa es la razón fundamental por la que, desde una perspectiva cristiana, el suicidio asistido y la eutanasia son erróneos. No debemos acoger ni introducir la muerte en nuestras vidas. Sin embargo, por la gracia de Dios, al final de nuestras vidas esa muerte enemiga puede transformarse milagrosamente en lo que C. S. Lewis llamó "una severa misericordia".[1] Se convierte en una puerta al cielo.

Al enfrentarnos a nuestra propia mortalidad, es inevitable que nos preguntemos: ¿cómo voy a morir?, ¿quién estará conmigo en ese momento?, ¿qué sentiré? Es importante que hablemos y reflexionemos juntos sobre estas cuestiones, ya que la muerte se ha convertido en un tema tabú en nuestra sociedad. La apartamos de nuestra conciencia. La muerte se ha convertido en un término puramente médico. Ocurre en los hospitales, detrás de discretas cortinas. Pero es necesario hablar y pensar en nuestra propia muerte antes de que llegue la crisis.

El doctor John Dunlop escribió acerca de su experiencia de atender a mucha gente en la última fase de sus vidas: "Una cosa que he aprendido es que, morir bien rara vez es una coincidencia. Más bien resulta de las elecciones hechas a lo largo de la vida. A fin de cuentas, morir bien no es más que vivir bien hasta el final".[2] Yo mismo he tenido durante muchos años el privilegio de acompañar a muchas personas en el final, y he presenciado la diferencia que marca la fe.

Morir bien no sucede por casualidad. Ocurre porque lo hemos pensado y planeado de antemano. El corredor de maratón experimentado lleva pensando y planificando cruzar la línea de meta durante muchos kilómetros. Los corredores dicen que aproximarse a la línea de meta puede ser un momento peligroso. Puede que

---

1 C. S. Lewis, *A Severe Mercy* (Hodder & Stoughton, 2011).

2 *Ibid.*, 12.

hayas sobrevivido 42 kilómetros, pero todo puede arruinarse en los últimos metros. Justo cuando ven la línea de meta, algunos corredores se derrumban y no se vuelven a levantar.

Queremos ser de los que corren con perseverancia hasta el final, con la mirada puesta en Jesús y en su bienvenida a la eternidad. El proceso mismo de morir puede conducir a nuevas posibilidades y oportunidades. De hecho, nuestros últimos días pueden transformarse en una aventura extraordinaria. En este capítulo quisiera centrarme en las oportunidades que morir bien nos puede brindar.

Crecimiento espiritual

El pastor Rico Tice visitó a Ann Neller en el hospital. Ann Neller era una anciana soltera que había sido miembro de la iglesia durante muchos años y que estaba a punto de morir. Al entrar en la planta, Rico dio su nombre a la enfermera y le preguntó dónde estaba: "Ah, está buscando a Gabi. La llamamos el ángel Gabriel por la luz que desprende".

Una de las enseñanzas espirituales más profundas que la muerte nos enseña es aprender a ver más allá de la apariencia superficial de nuestra humanidad para reconocer la realidad espiritual y la belleza que subyacen. En nuestra cultura materialista y centrada en la imagen, el aspecto externo es lo que tiende a dominar nuestros pensamientos y preocupaciones. Cuando vemos que nuestro propio cuerpo, o el de las personas que más queremos, se deteriora a causa de la enfermedad o el envejecimiento, y se vuelve arrugado, flácido y deforme, nos horrorizamos en secreto. Pero necesitamos ojos espirituales para ver que aquí hay más de lo que se ve a simple vista: por la gracia de Dios puede haber una gloria oculta.

Al aproximarnos a la recta final, se presenta una oportunidad para crecer y florecer interna y espiritualmente, aun cuando nuestros cuerpos se deterioren. En la siguiente sección examinaremos diferentes maneras en las que el crecimiento interior e incluso la belleza espiritual pueden alimentarse y potenciarse en los meses y semanas últimos de nuestras vidas.

Sanar, construir, celebrar y completar relaciones

Morir bien es una oportunidad para sanar por dentro. Es una oportunidad para sanar y recuperar relaciones maltrechas o rotas incluso después de muchos años de ruptura y hostilidad. Asimismo, es una ocasión para que las buenas relaciones se hagan más fuertes, más abiertas y sinceras. Es la ocasión para compartir desde el corazón, para pedir perdón y dar las gracias a nuestras personas más cercanas. Para morir bien, he de estar en paz con Dios y en paz con las personas más importantes de mi vida.

A medida que una persona se acerca a la línea de meta, a veces parece como si tuviera una especie de "autoridad relacional". A la persona moribunda se le da la oportunidad de decir cosas, animar a otros, reparar relaciones rotas de un modo que antes habría parecido imposible. Las palabras a nuestros seres queridos pueden constituir un regalo precioso que permanecerá con ellos el resto de sus vidas. Una manera de dejar un legado es escribir cartas o grabar un mensaje de audio o de vídeo. Si eres padre o madre, abuela o abuelo, aquí tienes la ocasión de escribir una carta o grabar un mensaje a tus seres queridos con el fin de animarlos, de recordarles y señalarles la fidelidad de Dios en tu vida. Podemos verbalizar esa clase de verdades íntimas y significativas que a veces nos parece tan difícil expresar en la vida diaria.

Hablar de "completar relaciones" puede sonar un tanto extraño. Existe la percepción de que, en el camino hacia la eternidad, seguiremos celebrando y fomentando nuestras relaciones. Aun así, la muerte supone un momento de separación temporal y no es bueno morir con asuntos pendientes. La muerte es la oportunidad para ocuparse de esos asuntos pendientes y acabar en paz con Dios y con las personas más importantes de nuestra vida.

Encontrar el perdón y la sanación

Una señora mayor, a quien llamaré Mary, fue diagnosticada con un tipo de cáncer muy avanzado y agresivo. Su vida había estado llena de relaciones rotas. Su hija era amiga mía, y me la describió como "una persona colérica", con una lengua afilada y destructiva. Su hija había encontrado la fe en Cristo cuando era joven. Pero Mary siempre había rechazado y despreciado hablar sobre Dios o el evangelio. Entonces llegó la repentina e inesperada noticia de que Mary tenía un cáncer terminal y que tan solo le quedaban unas semanas de vida. Su hija me contó que mientras esperaban ser atendidas en el departamento de radioterapia ambulatoria, Mary se giró hacia ella y le dijo: "Tengo solamente tres preguntas. La primera: ¿cómo puedo perdonar?; la segunda: ¿cómo puedo ser perdonada?; y la tercera: ¿cómo es el cielo?".

Sentadas en el bullicioso departamento de pacientes externos, su hija compartió la buena noticia del perdón hallado en Cristo. Por primera vez, Mary reveló que había sido maltratada de niña y la vergüenza, el sufrimiento, el odio y la ira que habían dominado su vida. Su hija le habló con dulzura del perdón de Cristo y del cielo, un lugar seguro donde nada podría volver a hacerle daño. Desde ese momento en el departamento de pacientes externos, la vida de Mary cambió. Su hija me contó: "Mi madre renació dos semanas antes de morir. Nunca en mi vida había visto una transformación así de radical".

Mary fue admitida en una residencia de ancianos local. En lugar de la amargura anterior, había gratitud. Su hija recuerda el agradecimiento de su madre al ponerle delante un puré de verduras. "No puedo creer lo amables que sois conmigo", decía, rodeada de sus nietos. Se regocijaba en su nueva relación con Dios: "No sabéis lo que se siente al orar por primera vez". Sus palabras, antes tan mordaces, eran amables y alentadoras. "Siento como si hubiera una fuerza externa que controla mi lengua", le confió a su hija.

Mary falleció cerca de dos semanas después de aquella primera conversación en el departamento de pacientes externos, con su hija cogiéndola de la mano y cantándole himnos. Cuando llegó el final, su hija le susurró: "Ya no necesitas tu cuerpo, pues vas a recibir uno nuevo", y muy suavemente llegó el último aliento. Nada más morir, las enfermeras se reunieron en su habitación. "Qué mujer tan extraordinaria. Era tan agradecida, tan dulce y amable y sin miedo a morir. Nunca hemos visto a nadie morir así". Entonces su hija compartió con ellas la fe cristiana, la sanación y el perdón que su madre había recibido. La muerte puede ser una oportunidad para encontrar el perdón y para convertirse en lo que la Biblia denomina "una nueva creación" (2 Co. 5:17).

Ser agradecido

Es una paradoja increíble que las personas más agradecidas que he conocido hayan sido aquellas que se estaban muriendo. He aquí las palabras de una joven llamada Ruth van den Brock, que murió de una fibrosis quística:

> Cuando se trata de morir bien, la gratitud ha sido una fuerza transformadora para mí; gratitud por mi cuerpo, pese a su fragilidad; por mi equipo médico, pese a sus limitaciones; por el deterioro de mis pulmones, ya que me hace valorar la mayoría de mis respiraciones despierta. Hace algún tiempo, comencé a orar antes de tomar la medicación, como ya hacía antes de comer. "Señor, gracias por estos medicamentos. Bendice las manos que los han inventado, recetado y preparado. Bendice estos medicamentos en mi cuerpo, y mi cuerpo para tu servicio". Empecé a verlos como la bendición que son. Ser agradecida ha cambiado muchas cosas en mí, aunque todavía no se me da muy bien.[3]

¿No es extraordinario que, a medida que nos enfrentamos a la línea de meta, podamos aprender más sobre la gratitud? A menudo es gratitud por las pequeñas cosas. Por ese plato de sopa, por

---

3 Citado en John Wyatt, *Dying Well* (IVP, 2018), 24. Traducido al español como *Morir bien* y publicado por Andamio Editorial.

el vuelo de un pájaro en el cielo, por ver las señales de la primavera en el jardín.

Acercarse a la línea de meta

Mi amiga Philippa Taylor, que es una maratoniana de élite, dijo una vez que, durante la carrera, piensa deliberadamente en el momento de cruzar la línea de meta. Imagina la experiencia. Trata de anticipar los sentimientos de logro, de gozo, satisfacción y alivio que llegarán al cruzarla. Visualiza el momento de morder el pastel y beber té caliente, la experiencia de subirse al podio y recibir el premio.

Tuve el privilegio de apoyar a mi amigo Alan Toogood, otro corredor de maratón que estaba en fase terminal de cáncer. Compartí con él las palabras de Philippa y se las tomó muy en serio. Ni él ni yo sabíamos lo cerca que se encontraba de la meta. Sus amigos le regalaron una pequeña cruz de madera tallada a mano, diseñada para sostenerla en la palma de la mano. Esta pequeña cruz llegó a significar mucho para Alan. La agarró con fuerza y no la soltó durante toda su estancia en el hospital. "No soy mucho de estas cosas" —me susurró sonriendo—, "pero quiero morir con esta cruz en las manos. Eso sí, es una cruz vacía. Es un recordatorio de la resurrección". Solo unas horas después de esta conversación cruzó la línea de meta aguantando, como el corredor de maratón que era, para encontrarse con su Señor resucitado.

Morir bien es una oportunidad para "vivir bien hasta el final". Pero, por supuesto, morir es también un momento muy difícil, la última prueba. No es posible abordar estos temas en detalle en un libro tan breve. A medida que nos aproximamos al final, es esencial que mantengamos una conversación abierta y sincera con nuestros seres queridos y con los profesionales médicos que nos cuidan y nos atienden. Al final de este libro hay una sección de recursos con sugerencias útiles sobre qué preguntas hemos de hacer y qué cuestiones hemos de considerar.

Quedarse dormido

Es llamativo que el Nuevo Testamento casi nunca utilice la palabra "morir" para referirse a los que creen en Cristo. Una y otra vez, la frase que se usa para referirse a los creyentes es "quedarse dormido". Pablo utiliza esa expresión en sus cartas todo el tiempo, por lo que no hay duda de que se utilizaba comúnmente en la antigua iglesia cristiana. Jesús empleó esta misma frase al referirse a la muerte de Lázaro: "Nuestro amigo Lázaro duerme, pero voy a despertarlo" (Jn. 11:11).

Una persona dormida se encuentra en un estado temporal de inconsciencia, pero, por supuesto, *sigue viva*. Durante todo el período de sueño, dure lo que dure, la persona sigue ahí, sana y salva. No obstante, mientras dura el sueño, esa persona no está disponible. No es posible mantener una relación significativa con una persona mientras está profundamente dormida. Está viva, pero momentáneamente inaccesible.

Todos sabemos que el sueño es transitorio. Desde un punto de vista médico, existe una diferencia esencial entre la inconsciencia del sueño natural y la que produce un coma o daño cerebral. Cuando una persona está en un coma profundo, no se puede saber si se recuperará o en qué estado quedará si se recupera. Es posible permanecer en coma durante semanas o meses y después morir sin recobrar la conciencia. Y en el caso de que despierte del coma, puede estar totalmente cambiada. Su personalidad puede haber quedado irreversiblemente alterada por la lesión cerebral. Sin embargo, cuando una persona duerme, sabemos que va a despertar de manera natural y cuando lo hace *es la misma persona*. No hay cambio, ni daño en ella debido al período de sueño.

Al morir, los cristianos, nos quedamos dormidos en Cristo. De una manera misteriosa permanecemos vivos. El Señor Jesús resucitado sostiene nuestro ser, nuestra persona permanece intacta e ilesa. Nada puede hacer daño a aquellos que "se han quedado dormidos en Cristo". Así pues, lejos de ser una suerte de eufemismo benévolo que nos protege de la realidad brutal de la muerte, la expresión "quedarse dormido" ofrece una percepción profunda de lo que significa morir como creyente cristiano. Desde el punto de vista espiritual, los cristianos no mueren. Ese enemigo terrible, la muerte, en cierto sentido ya ha sido absorbido y destruido por Cristo. Jesús ha sufrido el aguijón, el poder y las garras de la muerte en su propio cuerpo en la cruz y la ha vencido con su resurrección.

Pablo se esfuerza en animar a los cristianos de Tesalónica que lloran a sus muertos: "Hermanos, no queremos que ignoréis lo que va a pasar con los que ya han muerto, para que no os entristezcáis como esos otros que no tienen esperanza. ¿Acaso no creemos que Jesús murió y resucitó? Así también Dios resucitará con Jesús a los que han muerto en unión con él" (1 Ts. 4:13-14). Pablo distingue explícitamente entre el Jesús que *murió* y los creyentes cristianos que se *quedan dormidos*. Jesús experimentó la realidad plena de la muerte para que nosotros pudiéramos quedarnos dormidos en él. Asimismo, Pablo nos dice que no es necesario que nos aflijamos, como lo hacen los que no son cristianos, por los creyentes que han muerto, ya que sabemos que Jesús va a despertarlos de nuevo.

Existe, además, una verdad psicológica importante en todo esto. Sé que a muchos creyentes cristianos, al llegar al final de sus vidas, les angustia y asusta el proceso de morir. ¿Qué se sentirá al morir? ¿Me quedaré sin respiración, sentiré la insoportable agonía, el miedo abrumador de ser tragado por el agujero negro aterrador de la no existencia? Para una imaginación desbordante resulta fácil inventar todo tipo de horrores y miedos innombrables.

En respuesta a estos temores, nuestro Padre celestial, en su gracia y compasión, nos permite practicar qué significa morir cada noche de nuestras vidas. Sabes precisamente lo que se siente al morir en Cristo, es como quedarse dormido. Intenta imaginar la sensación de estar cansado, extenuado tras una jornada agotadora, y por fin tu cabeza toca la almohada blandita. Lo único que tienes que hacer es ceder al sueño, sabiendo que estás seguro y protegido. Quedarse dormido no es algo extraño, ajeno o aterrador. Es una experiencia que nuestro Padre celestial nos ofrece de antemano para que no tengamos miedo.

Para llevar la analogía un poco más lejos, la persona que se queda dormida en Cristo no solo cede al sueño tras un día largo y agotador, sino que se queda dormida la primera noche de las vacaciones, con toda la ilusión, excitación y gozo que llegarán cuando se despierte por la mañana. Cuando nos quedemos dormidos para siempre en esta vida, como creyentes en Cristo, despertaremos en su presencia. Junto con el apóstol Pablo podremos decir: "He peleado la buena batalla, he terminado la carrera, me he mantenido en la fe" (2 Ti. 4:6-8). El gozo del cielo será nuestro.

Los ojos de la fe

Hay una antigua tradición cristiana que utiliza la preparación para el sueño cada noche para prepararnos para la muerte. Dicha tradición, que data del siglo IV, toma las palabras de Simeón en el Evangelio según Lucas y las incluye en la liturgia de oración nocturna en servicios llamados de diversas maneras: las completas o, también, las de vísperas. Simeón encontró a Jesús recién nacido en el templo y, tomándolo entre sus brazos, pronunció las famosas palabras: "Según tu palabra, Soberano Señor, ya puedes despedir a tu siervo en paz. Porque han visto mis ojos tu salvación, que has preparado a la vista de todos los pueblos" (Lc. 2:25-31).

Simeón había visto solo un bebé recién nacido, pero con los ojos de la fe pudo ver algo más. Supo que los gloriosos planes y propósitos de salvación de Dios estaban en camino y eran completamente seguros e indestructibles. Con aquella visión, podía irse en paz. No tuvo que aferrarse desesperadamente a la vida. Si confiamos en Jesús, también nosotros lo veremos con los ojos de la fe. Así, también nosotros podemos irnos en paz, sabiendo que nuestro perdón está garantizado y nuestra vida eterna asegurada.

Al mirar hacia atrás a esa larga carrera, a los altibajos del camino recorrido, es fácil sucumbir a sentimientos de arrepentimiento o tal vez de fracaso. Puede que haya acontecimientos pasados en nuestra carrera que lamentamos amargamente o quizá nos sintamos heridos, enfadados, resentidos o lastimados. Me gustaría cerrar con tres frases breves que expresan la esperanza cristiana y que debemos tener presentes al llegar al final de nuestra carrera:

El bien no puede perderse.

El mal puede redimirse.

Lo mejor está por llegar.

Recursos adicionales

John Wyatt, *Dying Well* (IVP, 2018). Traducido al español como *Morir bien* y publicado por Andamio Editorial.

Mi libro anterior aborda algunas de las pruebas, tentaciones y desafíos que puede plantear la muerte e incluye un análisis de las preguntas útiles que hay que hacerse a medida que se acerca la muerte.

Información detallada y documentos respecto a la planificación de cuidado anticipado se encuentran disponibles en: http://www. goldstandardsframework.org.uk/advance-care-planning.

Información detallada sobre la UK Mental Capacity Act 2005 (Ley de Capacidad Mental de 2005) se encuentra disponible en: http://www.legislation.gov.uk/ukpga/2005/9/contents.

Puede encontrarse más información en: https://www.gov.uk/government/publications/mental-capacity-act-code-of-practice.

En el sitio web del Gobierno británico se puede encontrar información y orientaciones sobre los poderes de última voluntad: https://www.gov.uk/power-of-attorney/overview.

En el sitio web del NHS hay información y orientaciones sobre las decisiones anticipadas de rechazo de tratamiento: https://www.nhs.uk/conditions/end-of-life-care/advance-decision-to-refuse-treatment/.

andamio

Libros para tu vida

@andamioeditorial

𝕏 @andamio_edita

La **misión** de Andamio es publicar y difundir literatura que, desde una perspectiva bíblica, contribuya al desarrollo integral de la persona, la iglesia y a la transformación de la sociedad.

Somos la editorial de los **Grupos Bíblicos Unidos** (GBU) y nacimos en 1987. Los GBU iniciaron su camino en el mundo de la literatura cuando un grupo de estudiantes universitarios puso en marcha (1974) una revista muy sencilla a nivel de producción, pero muy rica en contenidos. Desde ese comienzo un tanto "inesperado", con pocos recursos pero con muchas ganas, hemos ido creciendo hasta el día de hoy.

Andamio ha sido y es el resultado del trabajo y **colaboración de muchas personas**, unido a la **ayuda de Dios** a lo largo de todo este camino.

portafolioandamio.com
andamioeditorial.com

ume.spain@gmail.com
@unionmedicaevangelica
www.unionmedicaevangelica.com

La Unión Médica Evangélica (UME) es una asociación de médicos y odontólogos cristianos que tiene como objetivos formar a sus miembros en el evangelio para poder practicarlo y presentarlo fielmente, ofrecer a los pacientes un trato integral que incluya lo físico, lo psíquico y lo espiritual y, asimismo, preparar a sus integrantes para que, a través de su trabajo profesional, pacientes y compañeros puedan conocer a Cristo.

psicologosevangelicos@gbunidos.es

El Grupo de Psicólogos Evangélicos (GPE) aglutina a diferentes profesionales del ámbito de la psicología clínica y sociosanitaria, educativa, de la psicología aplicada al ámbito empresarial y del *coaching* o de la psicología social. Uno de sus principales objetivos es crear un espacio de intercambio de ideas, experiencias, proyectos y preocupaciones sobre temas vinculados a la psicología y siempre desde la perspectiva de la fe cristiana.

www.emergenciavital.wordpress.com

Enfermería Cristiana es un grupo de enfermeras y enfermeros cristianos que entiende que su trabajo es su campo de misión. Mantiene relación con otros grupos de enfermeros por todo el mundo para orar, apoyarse mutuamente y aprender juntos. Además, entiende que sus conocimientos no solo se ciñen al ámbito estrictamente profesional, sino que apelan a la transformación social y eclesial.

COLOFÓN

andamio editorial

Carrer del Príncep d'Astúries, n.º 4
08918 Badalona. España
Tel. (+34) 93 432 25 23

libros@andamioeditorial.com
www.andamioeditorial.com

Andamio es la editorial de los Grupos Bíblicos Unidos en España, que a su vez es miembro del movimiento estudiantil evangélico a nivel internacional (IFES), cuya misión es hacer discípulos y promover el testimonio de Jesús en los institutos, universidades y centros de trabajo.

 Re:Inicia

www.unajubilacioninusual.es

Reinicia es una iniciativa de los Grupos Bíblicos Graduados (GBG) que quiere equipar a los recién jubilados y a los que están próximos a la jubilación para afrontar esta nueva etapa de la vida con la certeza de que en ella también pueden florecer y dar mucho fruto.

TRADUCCIÓN
Elena González

CORRECCIÓN
Daniel Casado y Jaume Llenas

DISEÑO DE CUBIERTA
Y MAQUETACIÓN
Andressa Rosa de Oliveira

DEPÓSITO LEGAL
B. 21891-2024

ISBN
978-84-10166-24-0

La última vuelta

The Final Lap
John Wyatt, 2023

© ANDAMIO EDITORIAL, 2024
1.ª EDICIÓN NOVIEMBRE 2024

64 PÁGINAS PARA SEGUIR
DESARROLLANDO TU VIDA
CON OTRO LIBRO ANDAMIO